Conserjes

Julie Murray

Abdo Kids Junior es una
subdivisión de Abdo Kids
abdobooks.com

TRABAJOS EN MI
COMUNIDAD

abdobooks.com

Published by Abdo Kids, a division of ABDO, P.O. Box 398166, Minneapolis, Minnesota 55439. Copyright © 2023 by Abdo Consulting Group, Inc. International copyrights reserved in all countries. No part of this book may be reproduced in any form without written permission from the publisher. Abdo Kids Junior™ is a trademark and logo of Abdo Kids.

Printed in the United States of America, North Mankato, Minnesota.

052022

092022

THIS BOOK CONTAINS RECYCLED MATERIALS

Spanish Translator: Maria Puchol

Photo Credits: Alamy, Getty Images, iStock, Media Bakery, Shutterstock

Production Contributors: Teddy Borth, Jennie Forsberg, Grace Hansen

Design Contributors: Candice Keimig, Dorothy Toth

Library of Congress Control Number: 2021951553

Publisher's Cataloging-in-Publication Data

Names: Murray, Julie, author.

Title: Conserjes/ by Julie Murray.

Other title: Custodians. Spanish

Description: Minneapolis, Minnesota: Abdo Kids, 2023. | Series: Trabajos en mi comunidad

Identifiers: ISBN 9781098263225 (lib.bdg.) | ISBN 9781644948637 (pbk.) | ISBN 9781098263782 (ebook)

Subjects: LCSH: Janitors--Juvenile literature. | Community life--Juvenile literature. | Occupations--Juvenile literature. | Cities and towns--Juvenile literature. | Spanish language materials--Juvenile literature.

Classification: DDC 647.2--dc23

Contenido

Conserjes 4

Las herramientas
de trabajo del
conserje 22

Glosario 23

Índice 24

Código Abdo Kids . . .24

Conserjes

Jake es un conserje.

¡Le encanta su trabajo!

Tom se encarga de mantener los edificios limpios y seguros.

Mae trabaja en una escuela.

Ella está trapeando el suelo.

La manija se ha roto.

Jay la arregla.

Zach trabaja en una oficina. Se encarga de vaciar el **reciclaje**.

No funciona la luz. Cleo cambia la bombilla.

Gus limpia las ventanas.

Ali trabaja en un hotel.

Ella se encarga de

aspirar todo el suelo.

¿Conoces a algún conserje?

Las herramientas de trabajo del conserje

una aspiradora

la caja de herramientas

una escalera

el trapeador

Glosario

aspirar
o aspiradora, aparato eléctrico que limpia el suelo.

reciclaje
material de desecho separado para ser regenerado.

Índice

aspiradora 18

bombillas 14

limpieza 6, 8, 16, 18

reciclaje 12

reparaciones 10

seguridad 6

trapeador 8

ventanas 16

¡Visita nuestra página **abdokids.com** y usa este código para tener acceso a juegos, manualidades, videos y mucho más!

Los recursos de internet están en inglés.

Usa este código Abdo Kids

MCK5799

¡o escanea este código QR!